D1518562

Edición original: Mango Jeunesse

Título original: *La petite girafe*

Adaptación: Luz Orihuela

Diseño gráfico: Sarbacane

© 2001 Mango Jeunesse

© 2005 Combel Editorial

  Caspe, 79 - 08013 Barcelona

Primera edición: febrero de 2005

ISBN: 84-7864-249-8

Printed in France by

PPO Graphic, 93500 Pantin

¿Quién eres?

La pequeña jirafa

Textos de Christian Marie

Combel
EDITORIAL

J
599.638
M334
Spanish

2

¡Bienvenida entre los gigantes!

El gran día ha llegado. En un tranquilo lugar, una jirafa se prepara para el nacimiento de su pequeña. ¡Hop! ¡Ya está aquí! Ha caído del vientre de su madre pero, por suerte, no se ha hecho daño. De inmediato, su madre la lame vigorosamente para animarla a ponerse en pie. ¡Qué difícil es con esas patas tan largas y frágiles! La pequeña jirafa no podrá dar sus primeros pasos hasta que pasen unas horas.

La mamá jirafa lleva su cría en el vientre durante dieciséis meses. La mayoría de las jirafas nacen en primavera, cuando la hierba es abundante.

TÚ, ¿QUÉ OPINAS?

¿Cómo puede pacer tranquilamente mamá jirafa sin vigilar a su pequeña?

→ Respuesta 1: La lleva junto a otras crías, vigiladas por una o dos hembras.

→ Respuesta 2: Le pide que se siente y que no se mueva de allí.

→ Respuesta 3: La deja con su padre.

La lleva junto a otras crías, vigiladas

Los primeros días, mamá jirafa se mantiene cerca de su cría. ¡Ni hablar de alejarse y dejarla sin protección! Al cabo de tres o cuatro semanas, la lleva junto al resto de las crías del grupo. Una o dos mamás jirafa las vigilan. ¡Es como una guardería!

Así, las pequeñas jirafas pueden jugar juntas... y las mamás alimentarse tranquilamente.

La pequeña jirafa
se parece mucho a su mamá.
Dos mechones de pelos
negros adornan
sus pequeños cuernos
que, por ahora, son blandos.
Cuando sea mayor
sus cuernos serán duros.

por una o dos hembras.

Al nacer, la pequeña jirafa pesa 60 kg.
Es el peso de una mujer adulta.
¡Y mide dos metros; cuatro veces
más que un niño!

La pequeña jirafa crece muy
deprisa: hasta 10 centímetros
por mes durante el primer
año. ¡Muy pronto también
será ella un gigante!

¡Qué cuellilarga es la jirafa!

La pequeña jirafa pronto será mayor, y tendrá unas patas y un cuello muy largos. Cuando sea adulta medirá más de cinco metros: dos veces la altura de un elefante. ¡No le resultará nada fácil pasar desapercibida en la sabana! A pesar de tener su pelo cubierto de manchas marrón caoba que se confunden con el paisaje, se distingue desde muy lejos.

El cuello de la jirafa puede llegar a medir hasta dos metros. Tiene siete vértebras cervicales muy largas, miden treinta centímetros cada una. Las personas también tenemos siete vértebras cervicales, ¡pero son mucho más cortas!

TÚ, ¿QUÉ OPINAS?

¿Por qué la jirafa tiene un cuello tan largo?

→ Respuesta 1: Para diferenciarse de los otros animales.

→ Respuesta 2: Para tener una hermosa vista sobre la sabana.

→ Respuesta 3: Para alimentarse de las hojas de las copas de los árboles y prevenir el peligro.

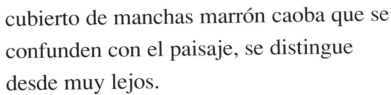

En el pelaje de la jirafa hay manchas irregulares... y no hay dos iguales. ¡La pequeña jirafa es única!

L as patas delanteras de la pequeña jirafa son un poco más largas que sus patas posteriores. Su cuerpo está inclinado y es más bien corto en relación con las patas. Por lo contrario, su cuello es muy largo: le permite llegar a las copas de los árboles. ¡Allí arriba, no hay quien pueda disputarle la comida! Y también es una buena forma de vigilar los alrededores.

La cola de la jirafa es ágil y termina en un largo y espeso plumero de pelo negro.

copas de los árboles y prevenir el peligro.

Cuando se desplazan lentamente, las jirafas doblan un poco las rodillas, lo que les da un aire algo envarado.

Cuando corren, las jirafas avanzan simultáneamente las dos patas del lado derecho y, a continuación, las del izquierdo. A eso se le llama amblar. Es muy elegante aunque no muy práctico: pueden galopar hasta a 60 km por hora, un poco más que la velocidad máxima permitida por un coche en la ciudad.

¡Qué gusto, estar aquí arriba!

La pequeña jirafa mamará la leche de su madre durante cerca de un año. Pero, desde que tiene un mes, hace lo mismo que sus mayores: cuando no hace calor, por la mañana, al atardecer o por la noche, se come las hojas de los arbustos, árboles, flores, frutos y hierba de la sabana. Su lengua negra y rugosa se estira para atrapar los mejores brotes.

Durante los primeros meses, la leche materna es el principal alimento de la pequeña jirafa. Hacia los seis meses de edad, son los vegetales... a pesar de que seguirá mamando unos cuantos meses más.

TÚ, ¿QUÉ OPINAS?

¿Por qué la jirafa puede pasar varios días sin beber?

→ Respuesta 1: Porque en su comida ya hay suficiente agua.

→ Respuesta 2: Porque no le gusta beber.

→ Respuesta 3: Porque al tener las patas tan largas le cuesta mucho llegar hasta el suelo.

La cabeza de la jirafa está adaptada
a su alimentación. Es una cabeza
alargada. ¡Los largos pelos que recubren
sus labios le facilitan información sobre
las mejores hojas... y sobre los pinchos!

Gracias a
sus nuevos caninos,
la pequeña jirafa imita a sus
mayores «peinando» las ramas.
Así, aprovecha las
hojas y deja los tallos
que son menos sabrosos.

suficiente agua.

La jirafa no bebe a menudo. ¡Es un ejercicio muy difícil! Hay que separar mucho las patas para poder llegar hasta el agua.

L a acacia es la comida preferida de las jirafas. Los brotes de las hojas de este árbol son dulces y están repletos de agua: no hay que dejar de comer para ir a beber. Como todos los rumiantes, la jirafa traga los alimentos rápidamente; aunque, después, los devuelve del estómago a su boca para masticarlos durante mucho rato. A continuación, la comida llega a otro estómago para ser digerida. Comer es su principal ocupación: consume 80 kg diarios de alimento. ¿Te parece mucho? ¡Pues, los elefantes comen tres veces más!

13

¡Nunca se está tranquilo en la sabana!

La sabana es peligrosa para la pequeña jirafa. Los leones, las panteras y las hienas siempre buscan presas frágiles y fáciles de atrapar. Es por eso que las pequeñas jirafas siempre están bajo vigilancia. Ante cualquier peligro, mamá jirafa interviene rápidamente. Con sus patas traseras propinará una buena tunda de coces a la fiera, hasta conseguir que huya.

Las jirafas tienen muy buena vista. Perciben cualquier movimiento en un radio de un kilómetro. Por suerte para ellas, la sabana es un paisaje muy despejado. ¡Con su largo cuello, las jirafas dominan la situación!

TÚ, ¿QUÉ OPINAS?

¿Por qué la jirafa bebe rápidamente una gran cantidad de agua del río?

➜ Respuesta 1: Porque no sabe beber poco a poco.

➜ Respuesta 2: Porque la posición que adopta para beber la pone en peligro.

➜ Respuesta 3: Para no compartir el agua con sus amigas.

En medio del grupo, la pequeña jirafa está protegida. Las mamás jirafa hacen de centinelas. La que percibe algún peligro avisa al resto del grupo con un movimiento brusco de su cola. Por el contrario, la pequeña jirafa y su mamá corren peligro cuando han de separar las patas para beber en el río. En esta posición, tienen muchas dificultades para reaccionar y defenderse si son atacadas por felinos.

En la sabana, la tierra es muy dura. Por eso, las jirafas pueden huir rápidamente. Con sus finas patas, no conseguirían correr con facilidad en un suelo blando.

beber la pone en peligro.

Las leonas desconfían de las coces de las jirafas adultas porque pueden romperles el cráneo o unas cuantas costillas. En terreno abierto, las leonas sólo atacan a las jirafas pequeñas.

Las jirafas duermen poco: sólo cuatro o cinco horas al día. La mayor parte del tiempo, permanecen en pie. Cuando la pequeña jirafa se tiende sobre la hierba, siempre está vigilada por su mamá.

Patas separadas, rodillas dobladas, pezuñas hundidas en el barro: ¡la jirafa se convierte en una presa fácil! Por eso debe beber muy rápido aunque, a menudo, haya otra jirafa vigilando.

17

¡No hay sabana sin jirafas!

C ada día, la pequeña jirafa va con el grupo de mamás y de crías jóvenes a buscar comida. A veces, las jirafas de otro rebaño se unen a ellas. En algunos grupos pueden llegar a juntarse hasta quince jirafas. Los machos se mantienen aparte o viven solos. Cuando las pequeñas jirafas macho alcanzan la edad de tres o cuatro años, abandonan el grupo de las hembras y de las pequeñas con las que han crecido. Volverán a buscar su compañía cuando llegue el momento de la reproducción.

En la sabana, los largos cuellos de las jirafas se balancean muy por encima de los arbustos. Así, vigilan eventuales peligros y localizan las mejores acacias.

TÚ, ¿QUÉ OPINAS?

¿Por qué los machos se pelean entre ellos?

→ Respuesta 1: Para poder aparearse con una hembra.

→ Respuesta 2: Para saber quién es el jefe.

→ Respuesta 3: Para pasar el rato.

19

Cuando los machos jóvenes abandonan el grupo, viven entre ellos o solos. ¡Siempre están peleándose! Con las patas separadas para mantener el equilibrio, se golpean la cabeza y enroscan sus cuellos. ¡Cuidado con sus cuernos puntiagudos! El más fuerte podrá hacer la corte a las hembras tranquilamente.

El bebé jirafa nunca sabrá quién es su padre. Cuando ha terminado el apareamiento, el macho desaparece en la sabana.

Los machos de las jirafas empiezan a pelear entre ellos a partir de los tres años. Las hembras son más pacíficas.

aparearse con una hembra.

Los combates entre machos adultos raramente son peligrosos. Después de algunos encontronazos, el más débil abandona la pelea y se aleja.

La **jirafa** pertenece al grupo de los animales **mamíferos**: eso quiere decir que la hembra amamanta sus crías. Pertenece al orden de los **artiodáctilos** y a la familia de los **giraffidae**, como el ocapi. Su nombre científico es *Giraffa camelopardalis*: todos los animales tienen un nombre científico que es comprendido y utilizado por la comunidad científica mundial. La jirafa puede llegar a pesar **1800 kilos**. Vive en la sabana africana.

La jirafa tiene dos pequeños cuernos sobre la cabeza; están cubiertos de piel y pelos.

La piel de la jirafa está recubierta de grandes manchas color marrón caoba.

22

Hay muchas especies animales y todas son distintas entre sí. Para poder estudiarlas, los científicos las han clasificado en función de sus características comunes y de su forma de vivir.

La jirafa tiene muy buena vista.

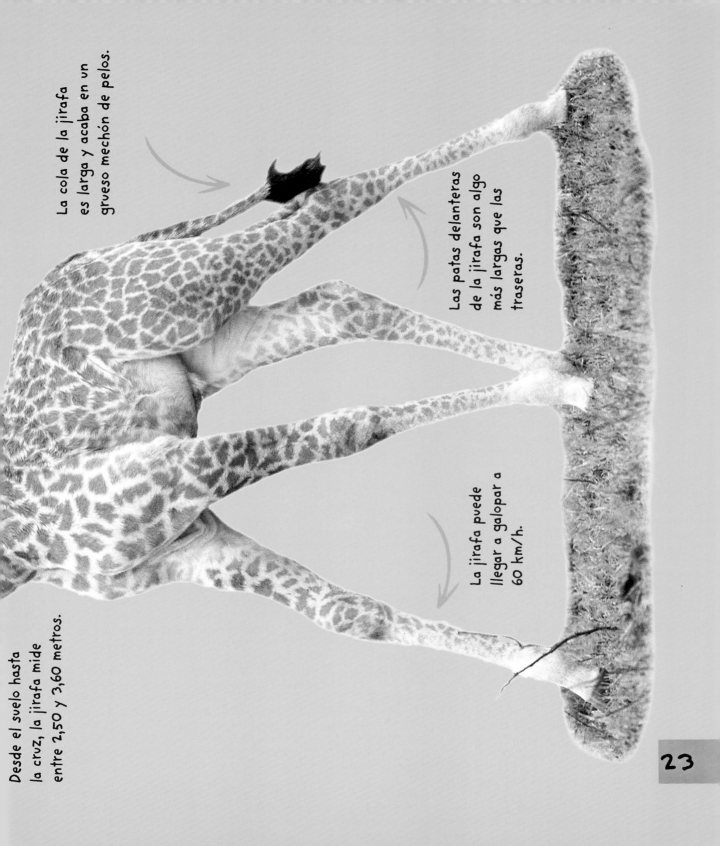

La cola de la jirafa es larga y acaba en un grueso mechón de pelos.

Las patas delanteras de la jirafa son algo más largas que las traseras.

La jirafa puede llegar a galopar a 60 km/h.

Desde el suelo hasta la cruz, la jirafa mide entre 2,50 y 3,60 metros.

LA PEQUEÑA JIRAFA

Créditos de fotografía

© Phone
Labat: 4.ª de cubierta, páginas 2, 8, 15, 17
Ferrero/Labat: páginas 5, 9, 11, 19, 20
Ch. Courteau: página 13

© Sunset
G. Lacz: páginas 3, 12, 14
Horizon Vision: páginas 6, 7

© Jacana
M. Denis-Huot: páginas 5, 10, 12
S. Corolier: página 18
P. Wild: página 20

© Colibri
A. M. Loubsens: cubierta, páginas 4, 16, 22
D. Hautoin: página 17

© Bios
N. Granier: página 17
M. & C. Denis-Huot: cubierta, portadilla, páginas 21, 23

Títulos de la colección: